**W9-ACP-866**

Pintas, cuartos y galones

Pints, Quarts, and Gallons

Holly Karapetkova

Leche
1 galón

Jugo
1 pinta

Helado
1 cuarto

Helado
1 pinta

Jugo
1 cuarto

ROURKE PUBLISHING

Vero Beach, Florida 32964

© 2010 Rourke Publishing LLC

All rights reserved. No part of this book may be reproduced or utilized in any form or by any means, electronic or mechanical including photocopying, recording, or by any information storage and retrieval system without permission in writing from the publisher.

www.rourkepublishing.com

PHOTO CREDITS: © Renee Brady: Title Page, 5, 8, 9; © Christopher P. Grant: 3; © tracy tucker: 7, 11, 19, 21, 22; © Kevin Thomas: 11, 13, 15, 18, 21, 23; © DNY59: 15, 17, 19, 20, 23

Editor: Meg Greve

Cover design by Nicola Stratford, bdpublishing.com

Interior Design by Heather Botto

Bilingual editorial services by Cambridge BrickHouse, Inc.   www.cambridgebh.com

Library of Congress Cataloging-in-Publication Data

Karapetkova, Holly.
  Pints, quarts, and gallons / Holly Karapetkova.
     p. cm. -- (Concepts)
  ISBN 978-1-60694-380-9 (hardcover)
  ISBN 978-1-60694-512-4 (softcover)
  ISBN 978-1-60694-570-4 (bilingual)
  1. Units of measurement--Juvenile literature. I. Title.
  QC90.6.K3685 2010
  530.8'1--dc22
                          2009015992

Printed in the USA

CG/CG

RoURke PuBLiSHiNG

www.rourkepublishing.com - rourke@rourkepublishing.com
Post Office Box 643328 Vero Beach, Florida 32964

¿Qué es una pinta?

What is a pint?

Una pinta es una medida.
Nos indica cuánto tenemos
de algo.

A pint measures amounts.
It tells us how much
we have.

¿Cuánto tenemos?

¡Tenemos una pinta!

How much do we have?

We have one pint!

Leche

1 pinta

Un cuarto es una medida también.

A quart also measures amounts.

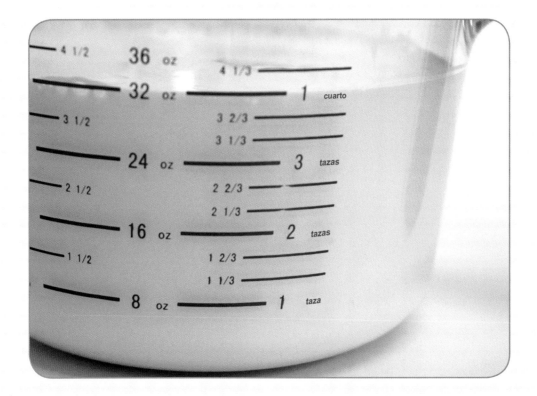

Helado
1 cuarto

Jugo
1 cuarto

Hay dos pintas en
un cuarto.

There are two pints in
one quart.

2 pintas = 1 cuarto
2 pints = 1 quart

2 pintas

2 pints

= 1 cuarto

= 1 quart

¿Cuánto tenemos?

¡Tenemos un cuarto!

How much do we have?

We have one quart!

Hay cuatro cuartos en un galón.

There are four quarts in one gallon.

4 cuartos = 1 galón

4 quarts = 1 gallon

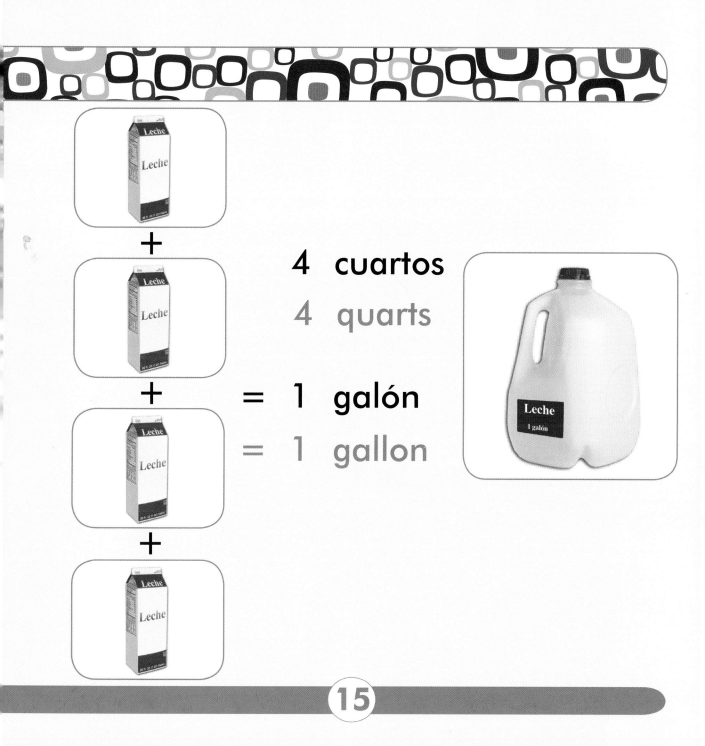

+

4 cuartos
4 quarts

+

= 1 galón
= 1 gallon

+

¿Cuánto tenemos?
¡Tenemos un galón!

How much do we have?
We have one gallon!

¿Cuál contiene más?

Which one holds the most?

Leche

1 pinta

Leche

1 galón

¿Cuál contiene menos?

Which one holds the least?

Leche

1 galón

Conversión del sistema inglés al sistema métrico

Converting Amounts from Customary to Metric

1 pinta = 0.5 litro
1 pint = 0.5 liter

(sistema inglés)   (sistema métrico)

(customary)   (metric)

22

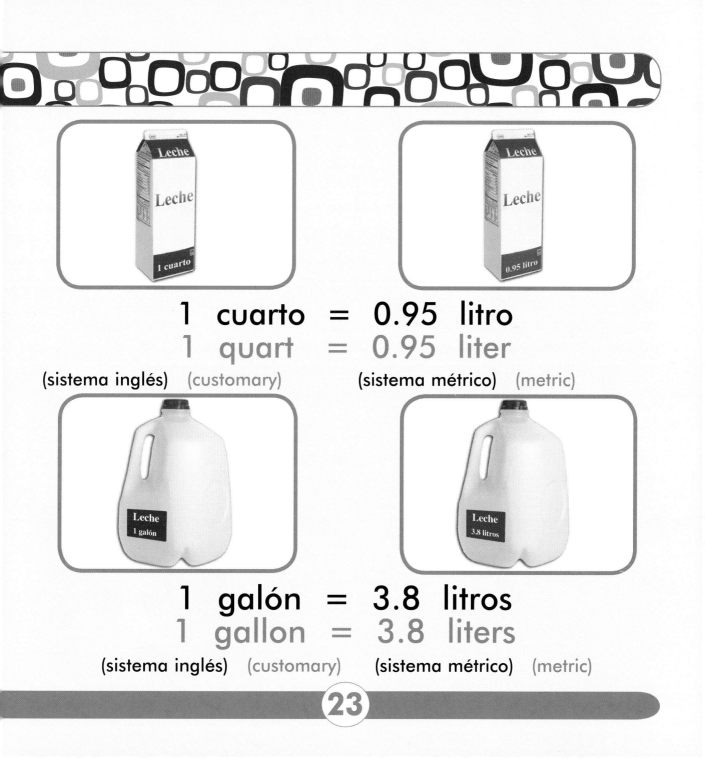

1 cuarto = 0.95 litro
1 quart = 0.95 liter

(sistema inglés) (customary)   (sistema métrico) (metric)

1 galón = 3.8 litros
1 gallon = 3.8 liters

(sistema inglés) (customary)   (sistema métrico) (metric)

Índice / Index

Visita estas páginas en Internet / Websites to Visit

www.mathsisfun.com/measure/
www.edhelper.com/measurement.htm
www.factmonster.com/ipka/A0876863.html
pbskids.org/cyberchase/games/liquidvolume/liquidvolume.html
www.nzmaths.co.nz/volume-and-capacity-units-work

Sobre la autora / About the Author

A Holly Karapetkova, Ph.D., le encanta escribir
libros y poemas para niños y adultos. Ella da
clases en la Universidad de Marymount y vive en
la zona de Washington, D.C., con su hijo K.J. y sus
dos perros, Muffy y Attila.

Holly Karapetkova, Ph.D., loves writing books
and poems for kids and adults. She teaches at
Marymount University and lives in the Washington,
D.C., area with her son K.J. and her two dogs,
Muffy and Attila.